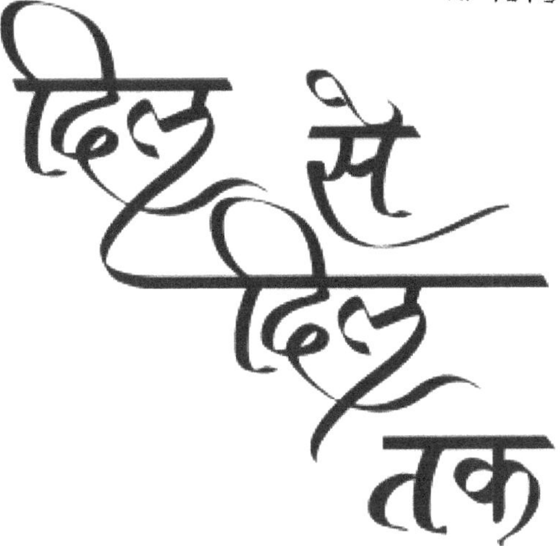

रश्मि रानी

First Published in October 2019

ISBN: 978-93-5347-849-0

BLUE ROSE PUBLISHERS
www.bluerosepublishers.com
info@bluerosepublishers.com
+91 8882 898 898

Cover Design:
Deepak Lal

Typographic Design:
Tanya Raj Upadhyay

Distributed by: Blue Rose, Amazon, Flipkart, Shopclues

आभार

'**दिल से दिल तक** मेरी प्रथम पुस्तक मेरे ईश्वर मेरे साई बाबा को समर्पित है। इस किताब को लिखने की प्रेरणा उन दिनों मिली जब मैं पहली बार पुस्तक मेले में गयी। वहां से मैंने प्रेमचंद के उपन्यास को खरीदा ओर कई पुस्तकें खरीदकर लायी। उसके बाद मैंने उसे पढ़ा। उसके बाद लगा कि मुझे भी लिखना है। इसकी चर्चा मैंने अपने पति से की उन्होंने अपनी रजामंदी दिखाई। इसके बाद मैंने अपने रिश्तेदारों रिश्तेदारों में कुछ लोगो से ये बातें शेयर की। जो मेरी इस बात को समझ पातें उन्होंने बहुत मदद की। उनके नाम हैंः– रविशंकर, उदयशंकर ओर विजयशंकर, इनलोगो ने मेरा हौसला बढ़ाया। अंत में मैं अपने माता–पिता उर्मिला सिन्हा ओर उमेश प्रसाद का तहे दिल से शुक्रिया करना चाहती हूँ, जिन्होंने मुझे इस दुनिया में लाने का कष्ट उठाया।

अनुक्रमणिका

यादों के सहारे

ऐ जानेवाले तुम तो छोड़ हमें चले जाओगे,
और अपने यादों के सहारे -
तड़पने के लिए छोड़ जाओगे।
जाने के बाद तुम कभी मिलने लौटकर नहीं आओगे,
किस हाल में हैं हम ये तुम कहाँ समझ पाओगे -
ऐ जानेवाले तुम तो छोड़ हमें चले जाओगे,
और अपने यादो के सहारे -
तड़पने के लिए छोड़ जाओगे।

हर दिन

हर दिन अपने साथ कई कड़ियों को
जोड़ लाता है,
दु:ख-सुख, प्यार-नफरत और
आशा-निराशा के साथ एक दिन
बीत जाता है।
पर हर बीता दिन अपने जिन्दगी में ,
एक दिन कम होने का -
न जाने क्यों एक एहसास दिलाता है?
पर मानव मन इस असलियत को ,
जानकर भी फिर से जाने क्यों,
इस मायावी दुनिया में उलझ जाता है?
वक्त यूँही बीतता जाता है -
फिर एक दिन अचानक !
मृत्यु का आगमन हो जाता है,
जो हर प्राणी को जबरदस्ती
अपने साथ ले जाता है।
फिर तो काल के आगे हर प्राणी
बेबस और लाचार नजर आता है।
इस वक्त में हर लम्हा ठहर जाता है, और,
इसके आगे कुछ नजर नहीं आता है।

समझ

किताब न समझकर आइना
समझकर ही सही,
कभी मेरे चेहरे में अपना चेहरा देख जाते।
अरे मन से न सही,
बेमन से ही सही, गलती से कभी -
हाले दिल पूछ जाते।
अरे मुझे दिलबर न समझ,
अपनी दोस्त ही समझ -
अपने चेहरे पर एक मुस्कान तो लाते।
अरे मुझे सुख का साथी न बना,
कभी अपना गम ही मुझसे बाँट जाते।
अच्छी यादें मुझे न समझ,
बुरी यादों को समेटकर तुम,
मुझे अपने दिल में थोड़ी जगह दे पाते।
अरे तू मुझको प्यार न सही
अपनी थोड़ी सी नफरत ही दे जाते।
किताब न समझकर आइना
समझकर ही सही,
कभी मेरे चेहरे में अपना चेहरा देख जाते।

जज्बात

कभी लगता है जिन्दगी अब और नहीं
कब तक हर रोज मुझे हराएगी,
कभी न कभी तू भी खुद ही थक जाएगी।
कब तक तू मुझे जख्म पर जख्म दिए जाएगी -
कभी न कभी तू भी तो चोट खाएगी।
कब तक तू मुझे नाउम्मीदी की किरण दिखाएगी,
कभी न कभी तू भी तो नाउम्मीद हो जाएगी।
कब तक तू मुझसे दुश्मनी निभाएगी,
कभी न कभी तू खुद ही तरस खाकर -
दोस्ती का हाथ बढ़ाएगी।
कभी लगता है जिन्दगी अब और नहीं।

रिश्ते

न जाने हमारे रिश्ते को
किसकी नजर लग गयी,
हम समेटते रहे,
तुम बिखेरते रहे,
मैं रोती रही,
और तुम मुस्कुराते रहे।
मैं रूककर तेरा इंतजार करती रही,
और तुम किसीका हाथ थाम -
आगे बढ़ते रहे।
मैं अपने आप को कोसती रही,
और तुम अपनी किस्मत पर इठलाते रहे।
मैं तन्हाई में आंसू बहाती रही,
और तुम महफिलों की रौनक लुटते रहे।
न जाने हमारे रिश्ते को किसकी नजर लग गयी,
हम समेटते रहे,
तुम बिखेरते रहे।

प्यारी हँसी

ऐ मेरी प्यारी हँसी
तू कहाँ खो गयी,
अब तो भूलकर भी मेरे -
लबों पर आती नहीं ,
कभी आती हो तो खुलकर -
मुस्कुराती नहीं।
क्या याद नहीं वो हमारे बचपन के दिन
हमारा घंटो साथ बिताना
कभी किसी को चिढ़ाना
फिर मेरे लबों पर तुम्हारा -
अचानक से आ जाना।
माना मेरे जीवन में संघर्ष की
आंधियाँ इतनी जोर से चली -
की तुझे जाने कहाँ बहा ले गयी,
ऐ मेरी प्यारी हँसी,
तू कहाँ खो गयी।

सवाल

कई बार सब्र का बाँध टूट जाता है,
जब अपने ही अस्तित्व पर सवाल उठ जाता है।
कितना ही कर दो औरों के लिए
पर उनका लालच उतना ही बढ़ता जाता है।
जिम्मेदारियों का बोझ ढोते ढोते जल्द बुढ़ापा आ जाता है।
नाम के हैं ये नाते रिश्ते,
समय बीतने के साथ इन पर से भी
विश्वास उठ जाता है।
हर दिन खुशी की तलाश में,
वक्त यूँ ही बेकार गुजर जाता है।
इस भागमभाग वाली जिन्दगी में
क्या सही या क्या गलत
वक्त न होने के कारण कौन समझ पाता है?
लबों पर झूठी मुस्कान लिए,
शायद हर कोई अपना दर्द छुपाता है।
कई बार सब्र का बांध टूट जाता है,
जब अपने ही अस्तित्व पर सवाल उठ जाता हैं।

सोचा न था

सोचा न था,
जिन्दगी न तो फूलों से सजा हार होगा
न ही काँटों भरा मैदान होगा
जो होगा बस इन दोनों का,
मिलाजुला संसार होगा।
वर्तमान को अनदेखा कर
भविष्य की चिंताओं में -
सारा समय बर्बाद होगा।
सभी के चहरो पर झूठी मुस्कान
और दिल में औरों के लिए अंगार होगा ।
समय बीतने के साथ पता चला
न कोई अपना होगा न कोई पराया होगा
सोचा न था,
जिन्दगी न तो फूलों से सजा हार होगा
न ही काँटों भरा मैदान होगा।

पुराना घर

खत आया था मेरे नाम,
जो मेरे पुराने घर ने लिखा था
क्या याद नहीं रहा कभी मुझसे मिलने आना?
दो चार प्यार भरी बातें कर जाना।

भूल गए पुराने दिन
खूब दोस्तों संग धमाचौकड़ी मचाना
और मेरे छत पर बैठे घंटों बातें बतियाना
अब याद नहीं आता मुझसे जुड़ा किस्सा पुराना।

खत आया था मेरे नाम,
जो मेरे पुराने घर ने लिखा था।

मैं

लफ्जों में बयाँ न कर सके,
वो बात हूँ मैं
दिलों में छुपा न सके,
वो जज्बात हूँ मैं।

जब दर्द हद से ज्यादा हो तो,
उसे अपनी दिल की कलम से -
कागज पर उतार लेते है
जब सुनने वाला कोई न मिले तो
खुद ही कह देते है, और खुद ही सुन लेते है।

लफ्जों में बयाँ न कर सके -
वो बात हूँ मैं
दिलों पे छुपा न सके वो जज्बात हूँ मैं।

लोग मेरे व्यक्तित्व पर हजारों
सवाल खड़ा कर देते है
पर वो कहाँ समझ पाए की -
उनके यही सवाल तो मेरे जीने की
वजह देते है।

कभी-कभार मेरे मौन अंतहीन
संभावनाओं की दुनिया की सैर कराता है
और मेरी अंतरात्मा को नयी ऊर्जा से
ओत-प्रोत कर जाता है।

इसी तरह हर एक दिन गुजर जाता है,
फिर अगला दिन आता है।
लफ्जों से बयाँ न कर सके
वो बात हूँ मैं
दिलों में छुपा न सके,
वो जज्बात हूँ मैं।

जीने की वजह

अब तो जख्मों को अपने
जीने की वजह बना लेते है,
दूसरों को दिखाने के लिए
हँस लेते है,
वरना यूँ तो पीछे छिप छिपकर रोते हैं
गैरों की बातें क्या करें
यहाँ तो अपने ही जख्मों पर
नमक छिड़क देते हैं।
एक आशा की किरण रोजाना
मुझसे मिलने आती है
पर मुझसे मिलकर जाते वक्त
अपना नाम निराशा बतलाती है।
खुशी की मुझसे बनती नहीं,
पर दुःख अक्सर आया जाया करती है।
अब तो जख्मों के अपने,
जीने की वजह बना लेते है,
दूसरों को दिखाने के लिए हँस लेते है,
वरना यूँ तो पीछे छिप छिपकर रोते हैं।

चाहत

चाहतों के आशियाने सजाये थे हमने,
जो यूँ रेत पर बनाये घर की तरह
धराशायी हो जायेगा,
याद है तुझे वो हमारी पहली मुलाकात,
और प्यार भरी बात,
जो कभी रातभर खत्म होने का
नाम न लिया करती थी।
कब दोस्ती प्यार में
प्यार हमसफर में बदला, पता ही न चला।
ये सब एक सपने जैसा लग रहा था,
पर इन सब का अंत
एक न एक दिन तो होना ही था।
जाने क्यों थोड़े दिनों बाद तेरे
जज्बात बदले,
दोनों के दिले हालत बदले
अब प्यार की जगह खामोशी थी-
और अंतहीन तन्हाई थी।
अब तुम हम की तो बात ही न पूछो,
हर बात-बात पर लड़ाई थी।
जीना दूभर हो गया था तेरे साथ,
जिसके साथ कभी जीने मरने की
कसमें खायी थी

उस वक्त मेरे लिए इम्तिहान की
घड़ी आयी थी,
जब मैंने तुमसे अलग होने की
कसम खायी थी
चाहतों के आशियाने सजाये थे हमने
जो यूँ रेत पर बनाये घर की तरह
धराशायी हो जायेगा।
यूँ आसान तो नहीं था तुझे
गैरों के भरोसे छोड़ जाना,
और तुझसे मुँह मोड़ जाना।
जिन्दगी तो आज भी कटेगी,
पर उसमें तुम न होगे
तुझसे जुड़ी कोई बात न होगी।
मेरे दिल पर तेरे प्यार की दस्तक
तो आज भी होगी
पर मेरे दिल से तेरे लिए अब कभी
चाहतों की बरसात न होगी।

मेरी उम्मीद

हर रोज मेरी उम्मीद तेरे दिल के
दरवाजे पर दस्तक तो देती थी
फिर मेरी उम्मीद की दस्तक
अनसुनी होने पर तुम से मुझ तक
का सफर तय कर जाती थी।
फिर बड़ी निराश होकर मैं अपने
मन को समझाती थी,
आज नहीं कभी और सही
मेरी दस्तक तुम्हारे दिल तक
जरूर पहुँच जाएगी।
मैं भी ऊब चुकी थी-
इस बेरुखी और तन्हाई से,
बस मन कर रहा था,
अब खत्म कर दूँ इस कहानी को
कब तक इंतजार किसका इंतजार?
जो तैयार ही नहीं मेरे साथ
रिश्ता निभाने को।
हर रोज मेरी उम्मीद तेरे दिल के दरवाजे पर
दरतक तो देती थी,
फिर मेरी उम्मीद की दस्तक अनसुनी होने पर
तुम से मुझ तक का सफर-
तय कर जाती थी।

अधूरी इश्क

अधूरी इश्क की हमारी कहानी रह गयी,
जिन्दगी के बीच सफर में।
शायद किस्मत को हो
कुछ और मंजूर
फिर मिलेंगे हम कहीं।
यही दिलासा दिल को दे तेरा साथ छोड़ा था,
और तेरी ओर से मुख मोड़ा था।
तेरे प्यार के यादों के पन्ने-
आज भी अकेले में खुल जाते हैं,
और मेरे जिस्म को तेरी खुशबु से भर जाते हैं।
ज्यादा कुछ न ही सही तेरे लिए
जिंदा रहने के लिए इस जिन्दगी में
वजह छोड़ जाते हैं।

बेटी

तुझे नम आँखों से विदा करूँगी,
अपने कलेजे के टुकड़े को खुद से
कैसे जुदा करूँगी?
जल्द आए तू अपने बाबुल के घर
दिन-रात रब से यही दुआ करूँगी।
तेरी हसीन यादों के सहारे
इस दुनिया को कभी अलविदा कहूँगी।
तुझे नम आँखों से विदा करूँगी,
अपने कलेजे के टुकड़े को खुद से
कैसे जुदा करूँगी?

अँधेरी रात

वो सर्द अँधेरी रातों में,
रो-रोकर मैंने पूरा तकिया भिगोया था।
तेरी जुदाई के गम में,
मेरा जिस्म थरथराया था,
किस से कहती कि मैं थी किसी के प्यार में ?
पर अब जिससे हमेशा के लिए
बिछड़ने के समय आया था।
उदासी भरे चेहरे को,
मैंने अपनी नकली हँसी से छुपाया था।
सिसकियाँ भी बाहर निकल न पाए,
इसलिए रजाई से अपने मुख को दबाया था।
हाल था मेरा बेहाल, फिर भी -
गैरों के आगे अपने आपको संभाला था।
वो सर्द अँधेरी रातों में,
रो-रोकर मैंने पूरा तकिया भिगोया था।

आइना

फुर्सत से देखा जो आइना,
गुजरे वक्त की निशानी देता है,
आईने में चेहरा झूठ भी बोले,
पर दिल तो सच्ची गवाही देता है।
दिमाग कितना भी तिगड़म लगा ले,
आखिर में जज़्बात तो दिल का साथ देता है।
दौड़ भागकर कितनी भी संपत्ति बना ले,
पर अंत समय में कुछ भी
साथ नहीं आता है।
अच्छे वक्त में हम कितने भी
दोस्त बना लें,
पर बुरे वक्त में कोई भी काम नहीं
आता है।
फुर्सत से देखो जो आइना;
गुजरे वक्त की निशानी देता है।

किताबें

एक दिन निगाहे टकरा गयीं,
अलमारी में पड़ी किताबों से।

जाने वो शर्मा गयी,
फिर किताबें मुझसे बोल पड़ी।
न जाने क्यों अब हमारी कद्र नही,
पहले धंटो निहारा करती थी मुझे,
सीने से लगाकर सारे जज्बात बयाँ करती थी,
फिर अपने दिल की कलम से डायरी
पर हाले दिल बयाँ करती थी ।

मै बोल पड़ी,
ऐसी तो कोई बात नही ।
तुम्हें भूलने की तो कोई बात नहीं,
आजकल व्यस्त हूँ थोड़ी निजी जिन्दगी में
फुर्सत मिलें तो सब छोड़-छाड़कर आऊँगी,
फिर से तुम किताबों की सच्ची आशिक बन जाऊँगी।

जो न कहा हो
उन जज्बातों को बयाँ कर जाऊँगी।
तुम जैसा चैन और सुकून कहाँ पाऊँगी,
वक्त मिला तो तुम्हारे साथ बिताये

हर लम्हें का कीमत चुका जाऊँगी।
तुम फिक्र न करना मै वापस आकर ,
तुम्हें फिर से गले लगाऊँगी।
और तुमपर चाहतों का दरिया बरसाऊँगी।
अरे दिन और रात क्या सबकुछ
तेरे उपर न्यौछावर कर जाऊँगी।
एक दिन निगाहें टकरा गइ,
अलमारी में पड़ी किताबों से ।
जाने वो क्यों शरमा गइ।

मन

धड़कन है तो जज्बात भी होगें,
लब है तो प्यास भी होगें।
नजर है तो इशारें भी होगें ,
बादल है तो बरसात भी होगें ।
पेट है तो भूख भी होगी ,
मन है तो इच्छाएँ भी होगीं।
शरीर है तो बिमारियाँ भी होगीं,
समुद्र है तो लहरें भी होगीं।
आँख है तो आँसु भी होगें,
दिल है तो धड़कने भी होगीं ।
व्याक्तिव्य है तो विभिन्नताएँ भी होगीं,
धड़कने है तो जज्बात भी होगें,
लब है तो प्यास भी होगें ।

किस्सा

याद आता है किस्सा पुराना,
तेरा हर रोज मेरे पीछे - पीछे आना
आज भी चुपचाप उन गुमनाम
गलियों से गुजर जाती हूँ ।
जाने छिपछिपकर मेरी निगाहें
किन्हें ढूढ़ाँ करती हैं ।
जाने-आनेवाले कई अनजान चेहरे
सामने से गुजर जाते हैं,
पर जिसकी तलाश है मुझे ।
वो सिर्फ तुम नजर नहीं आते हो,
याद आता है तेरा किस्सा पुराना।
हर रोज मेरे पीछे - पीछे आना,
और रोज नित नया गीत गुनगुनाना।
बदले में मेरा तुम पर कभी प्यार से मुस्कुराना,
तो कभी पलटकर तुम्हें आँखे दिखाना।
याद आता है किस्सा पुराना,
हर रोज मेरे पीछे - पीछे आना।

प्रश्न

न जाने क्यो ?
कुछ प्रश्नो का जबाब दिल ढूंढ रहा।
अब नींद नहीं है आँखो में,
कुछ चिंताये घर कर गयी है मन में,
कौन हूँ मै ? कहाँ जाना है मुझे ?
मेरे मृत्यु के बाद।
किनके सहारे उन अपनो को छोड़ चली जाऊँगी,
क्या कभी उनकी खबर लेने वापस फिर कभी आ पाऊँगी।
जबाब नहीं मिलने पर,
अंर्तमन बार-बार उदास हो जाता है ।
कहने को तो मानवमन बड़ा बुद्धिमान कहलाता है,
पर इन गंभीर प्रश्नों का
उत्तर कहाँ दे पाता है ।
न जाने क्यो ?
कुछ प्रश्नो का जबाब दिल ढूंढ रहा।

अतीत

अतीत के गलियारे से एक
ताजा हवा का झोंका आया है,
जो मेरे रूह की तार को झनझनाया है ,
डर लगता है कहीं इनमें खो न जाऊँ।
कुछ राज दफन है अतीत के गलियारों में,
इसके दर्द छिपे हैं सीने में,
कई शामें की थी कभी जिनके नाम ।
आज की मेरी निजी जिंदगी में नहीं है उनका कोई काम,
आज भी अतीत के उस मोड़ पर
दूर कहीं तुम नजर आते हो,
जहाँ तुम मुझें बेसहारा, तन्हा और सिसकता छोड़ जाते हो ।
आज तुम भी तो कही तन्हा जिंदगी जी रहे होगे,
मेरी याद का रोना रो रहे होगे।
अच्छा है तुम्हें छोड़ जाना मुझे,
न तुम याद आओ मुझे
न मै याद आऊँ तुझे।
अतीत के गलियारे से एक
ताजा हवा का झोंका आया है,
जो मेरे रूह की तार को झनझनाया है।

बोझ

जमाने भर का दिलपर बोझ लिए ,
क्यों तू मन चल रहा ?
गैरों की तुझे क्यों है चिंता ?
न कोई सोच पाया है तेरे लिए ।
न कभी सोच पायेगा,
तू इसी उधेड़वुन में उलझकर रह जाएगा ।
बस छोटी सी है एक जिंदगी,
इसे खुशी से जीये जा ।
कौन है खुश और कौन उदास ?
इसकी चिंता छोड़ अपनी बेफिक्री
से जीये जा ।
जमाने भर का दिलपर बोझ लिए,
क्यों तू मन चल रहा ।

तेरी याद

आज फिर तेरी याद आयी है,
जाने क्यों लबों पे खामोशी छायी है ।
दिल उदासी के समंदर में डूब रहा है ।
जाने क्यों दिल तुझे ढूंढ रहा है ।
तेरी औकात है क्या ?
ये आज समझ में आयी है ।
क्योंकि तूने प्यार में की बेवफाई है,
है यकीन मुझे न आज तू बदला है ,
और न कल तू बदलेगा ।
अगले निशाने के लिए कल तू
अगली किसी और मासुम लड़की
का दिल तोड़ेगा ।
तू इस प्यार के मकड़जाल में
खुद एक दिन ऐसा उलझकर रह जायगा,
जिससे न तू खुद बाहर निकल पायगा
और न ही कोई और तूझे बाहर निकाल पायगा ।
उस दिन शायद तुझे किसी के
सच्चे प्यार का मतलब समझ में आयेगा,
आज फिर तेरी याद आयी है,
जाने क्यों लबों पे खामोशी छायी है ।

एकांत मन

एकांत मन तू जाने क्यों उदास बैठा है,
न जाने किस चीज की है तलाश तुझे ।
है महफिलों में रौनक बिछी,
फिर भी न जाने क्यों तू
गम की चादर ओढ़ने को तैयार बैठा है ।
पत्थर रखा है दिल पर,
तब भी तू क्यों अपने को इतना खुश दिखाता है
इस दर्दभरे जीने में ।
पागल बन तू जाने क्यों ?
अपनी जिंदगी को बेकार कर बैठा है,
एकांत मन तू जाने क्यों उदास बैठा है ।

जिन्दा लाश

न जाने मुर्दों को भी जिंदा समझ लेते है लोग,
रोज जलाते हैं मेरे अस्तित्व को।
निंदा की लकड़ियों से,
धू-धूकर आग की लपटों में जलती मै।
फिर संतावना की जल की बूंदो से,
मेरी चिता की राख को ठण्डा करते है।
न जाने मुर्दे को भी जिंदा
समझ लेते है लोग
किसके दुःख की पड़ी यहाँ,
सब अपना ही रोना रोते है,
न जाने मुर्दे को भी जिंदा समझ लेते हैं लोग।

बूढ़ी अम्मा

घर के एक कोने में,
बैठी बूढ़ी अम्मा राम-राम की रट
लगाती है ।
नयी पीढ़ी और पुरानी पीढ़ी की तुलना
कर कर के,
हर घर में आने-जाने वालों को
अपना किस्सा सुनाती है ।
और खुब हँसकर अपना दिल बहलाती है,
हमने भी है बड़ी दुनिया देखी ।
दिन भर यही कह-कहे लगाती है ।
हर खाने की वस्तु देख जी खुब
लपलपाती है,
बूढ़ी हड्डियाँ कंकाल मात्र का ,फिर भी
इस उम्र में बूढ़ी अम्मा धौंस जमाती है ।

तेरी याद

भीड़ भरे आँगन में मैंने,
छुप-छुपकर तुझे निहारा था ।
देखते ही जाने क्या सनक चढ़ी,
जो अनवरत निहारता ही गया ।
उम्मीद तो थी कि,
समय निकालकर सबसे छिपकर
तुझसे दो चार बातें दिल की कर लूँगा,
पर ये हो न सका ।
बस तेरे हुस्न का नशा सर चढ़ता गया,
दिल अन्दर से हिल सा गया ।
मिलने के बाद विदाई का भी
समय आ गया,
मै दूर से ही बैठा तुझे
जाते चुपचाप निहारता रह गया ।
बस पलके भीगी-भीगी थी,
जो शायद तेरे जाने का यह अहसास था ।
कभी फिर मिलोगी या नही ?
बस ये अंतिम ख्याल मन में आया था ।

पनघट

शाम ढले पनघट तले
छ्मछ्म करती आ जाती हो ।
मै चाहूँ या न चाहूँ,
कलेजा काटकर ले जाती हो ।
वो शाम हसीन थी,
जिस दिन तुम पहली बार मिली थी ।
न छिन सका है, न कभी छिन
सकेगा जमाना तुझको मुझसे ।
क्योंकि असलियत में तो तुम हो ही नहीं,
बस मेरे मन की एक मनगढ़ंत छवि हो ।
जो हर रात स्वपन में आती हो,
शाम ढले पनघट तले,
छ्मछ्म करती आ जाती हो ।

बीते लम्हें

कुछ बीते लम्हें याद आ गये,
न जाने क्यों पलकों को भीगो गये ।
वक्त का वो भी क्या दौर था ?
न फिक्र थी, न भविष्य की चिंताये ।
वो भी क्या हसीन दिन थे ?
जहाँ बेफिक्री का आलम था,
न वो दिन रहे और न वो मैं ।
आज भी अपनी नादानियों के दिन याद आते है,
न जाने क्यों हौले से पास बुलाते हैं ।
वक्त हाथों से रेत की भांति सरकता जा रहा,
और न जाने क्यों बीता वक्त अपनी
ओर मोह दिला रहा,
कुछ बीते लम्हें याद आ गये,
न जाने क्यों पलको को भीगो गये ।

पंक्तियाँ

कभी जो बारिश आँए,
तो समझ लेना मै मुस्कुरायी थी ।
कभी जो बादल घिर आँए,
तो समझना मेरी जुल्फ लहरायी थी ।
कभी जो सूरज की लाली घिर आँए,
तो समझ लेना मैने तेरे नाम की
बिन्दियाँ माथे पर लगायी थी ।
कभी जो बिजली कड़के,
तो समझना मै अपनी कलाई में
चूड़ी खनकाई थी ।
कभी जो पतझड़ आए,
तो समझ लेना मेरे चेहरे पर
उदासी छायी थी ।
कभी जो रात आए,
तो समझ लेना मैने आँखो में
काजल लगाई थी ।

जुदाई

राहों में चलते-चलते,
कभी तुमसे बिनकहे जुदा हो जाएगें ।
फिर तुम लाख बुलाओ,
फिर कभी वापस तुम्हारे पास नही आएगें।
तुम अपनी कहोगे,
तो तुम्हारी कौन सुनेगा ?
मेरी तरह छोटी-छोटी बातो से,
तुमसे जिद कौन करेगा ?
पीछे रह जाएगें बस बीते लम्हें
और यादों के पन्ने ,
राहों में चलते-चलते
कभी तुमसे बिनकहें जुदा हो जाएगें ।

प्यार

जवानी की मदहोशी में,
वो प्यार का पहला नशा।
न जाने कितने गुनाह करवाता है,
हम चाहे या न चाहे।
इसका नशा दिन व दिन बढ़ता ही जाता है।
प्यार अपने साथ एक सैलाब लाता है,
जो अपनी मदहोशी में सबकुछ
बहाकर ले जाता है,
उम्र की सीमा या गरीबी-अमीरी
ये सब कहाँ देख पाता है।
बस जहाँ देखो वहाँ,
अपने महबूब का दीदार नजर आता है।

दृश्य

जाड़े की सुबह,
हरी घास पर पड़ी ओस की बूँदें ।
मानो बिखरे मोती लुटाती है,
नदी किनारे बने घोंघे के घर।
कलाकार की अदभुत कलाकृति दर्शाती है,
खेतों में लहलहायी पीली सरसों ।
मानो हमें जीवंत कर जाती है,
मंदिर में दूर से आती घंटियो की आवाजे ।
एक मनमोहक गान सुनाती है,
चहचहाते पंक्षियों के झुण्ड ।
हमे अपनी ओर बुलाते है ।

www.ingramcontent.com/pod-product-compliance
Ingram Content Group UK Ltd.
Pitfield, Milton Keynes, MK11 3LW, UK
UKHW021644190726
13853UKWH00001B/40